Impressum
Verlag: BABADADA GmbH, Nedderfeld 112 , 22529 Hamburg
Geschäftsführer / Verlagsleitung: Harald Hof
Druck: Books on Demand GmbH, In de Tarpen 42, 22848 Norderstedt

Imprint
Publisher: BABADADA GmbH, Nedderfeld 112 , 22529 Hamburg, Germany
Managing Director / Publishing direction: Harald Hof
Print: Books on Demand GmbH, In de Tarpen 42, 22848 Norderstedt

okul
σχολείο

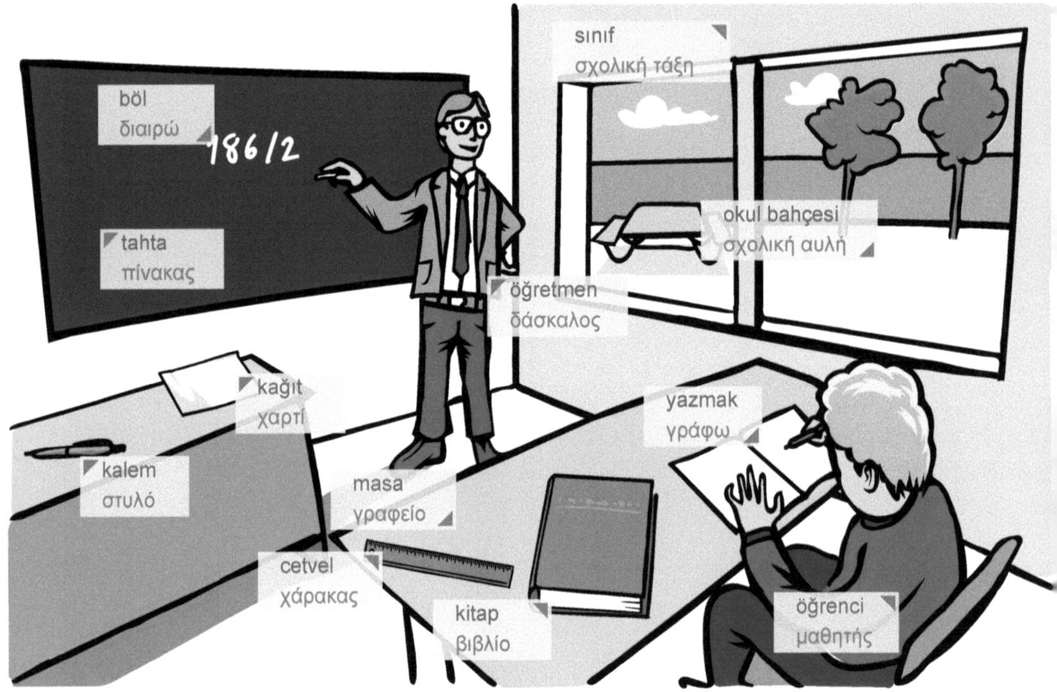
sınıf
σχολική τάξη
böl
διαιρώ
186/2
tahta
πίνακας
okul bahçesi
σχολική αυλή
öğretmen
δάσκαλος
kağıt
χαρτί
yazmak
γράφω
kalem
στυλό
masa
γραφείο
cetvel
χάρακας
kitap
βιβλίο
öğrenci
μαθητής

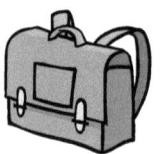

okul çantası

σχολική τσάντα

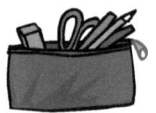

kalemlik

κασετίνα/ μολυβοθήκη

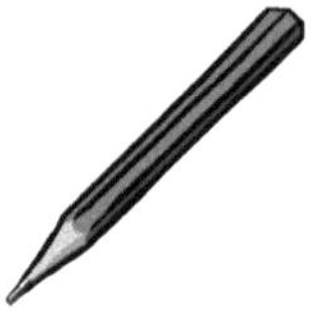

kurşun kalem

μολύβι

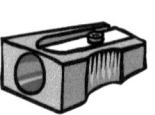

kalem açacağı

ξύστρα

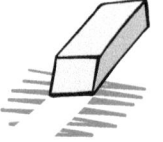

silgi

γόμα

çizim defteri

μπλοκ ζωγραφικής

çizim

ζωγραφική

resim fırçası

πινέλο

boya kutusu

κουτί χρωμάτων

makas

ψαλίδι

tutkal

κόλλα

alıştırma kitabı

τετράδιο ασκήσεων

ödev

εργασία για το σπίτι

12

sayı

αριθμός

2+2

ekle

προσθέτω

5-2

çıkar

αφαιρώ

2×2

çarp

πολλαπλασιάζω

hesapla

υπολογίζω

A

harf

γράμμα

ABCDEFG HIJKLMN OPQRSTU VWXYZ

alfabe

αλφάβητο

kelime

λέξη

metin

κείμενο

okumak

διαβάζω

tebeşir

κιμωλία

ders

μάθημα

kayıt

εγγράφομαι

sınav

ΤΕΣΤ

sertifika

πιστοποιητικό

okul forması

μαθητική στολή

eğitim

εκπαίδευση

ansiklopedi

εγκυκλοπαίδεια

üniversite

πανεπιστήμιο

mikroskop

μικροσκόπιο

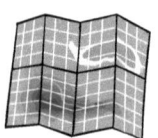

harita

χάρτης

kağıt çöp kutusu

καλάθι αχρήστων

seyahat
ταξίδι

otel
ξενοδοχείο
Grand
pansiyon
ξενώνας
ROOMS
EXCHANGE
döviz bürosu
ανταλλακτήρια συναλλάγματος
bavul
βαλίτσα
otomobil
αυτοκίνητο

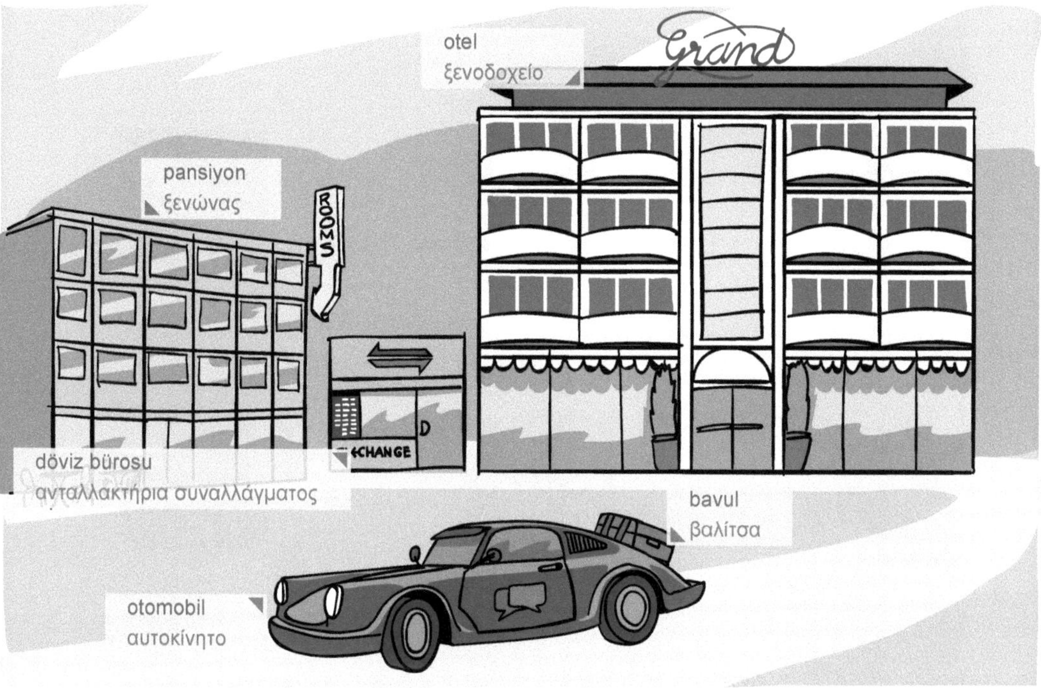

dil

γλώσσα

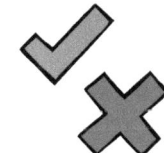

evet / hayır

ναι / όχι

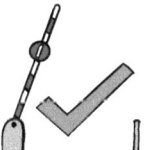

Tamam

εντάξει

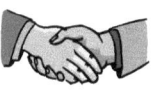

merhaba

γεια σου

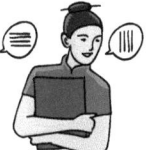

çevirmen

μεταφραστής

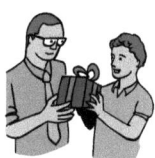

Teşekkür ederim

Ευχαριστώ

bu ... ne kadar?

πόσο κάνει ;

anlamadım

Δε καταλαβαίνω

problem

πρόβλημα

İyi akşamlar!

Καλησπέρα!

Günaydın!

Καλημέρα!

İyi geceler!

Καληνύχτα!

güle güle

Αντίο

yön

κατεύθυνση

bagaj

αποσκευές

çanta

τσάντα

sırt çantası

σακίδιο πλάτης

misafir

καλεσμένος

oda

δωμάτιο

uyku tulumu

υπνόσακος

çadır

σκηνή

turist danışma	sahil	kredi kartı
τουριστικές πληροφορίες	παραλία	πιστωτική κάρτα

kahvaltı	öğle yemeği	akşam yemeği
πρωινό	μεσημεριανό	δείπνο

Bilet	asansör	pul
εισιτήριο	ανελκυστήρας	γραμματόσημο

sınır	gümrük	elçilik
σύνορα	τελωνείο	πρεσβεία

vize	pasaport	
βίζα	διαβατήριο	

ulaşım
μεταφορά

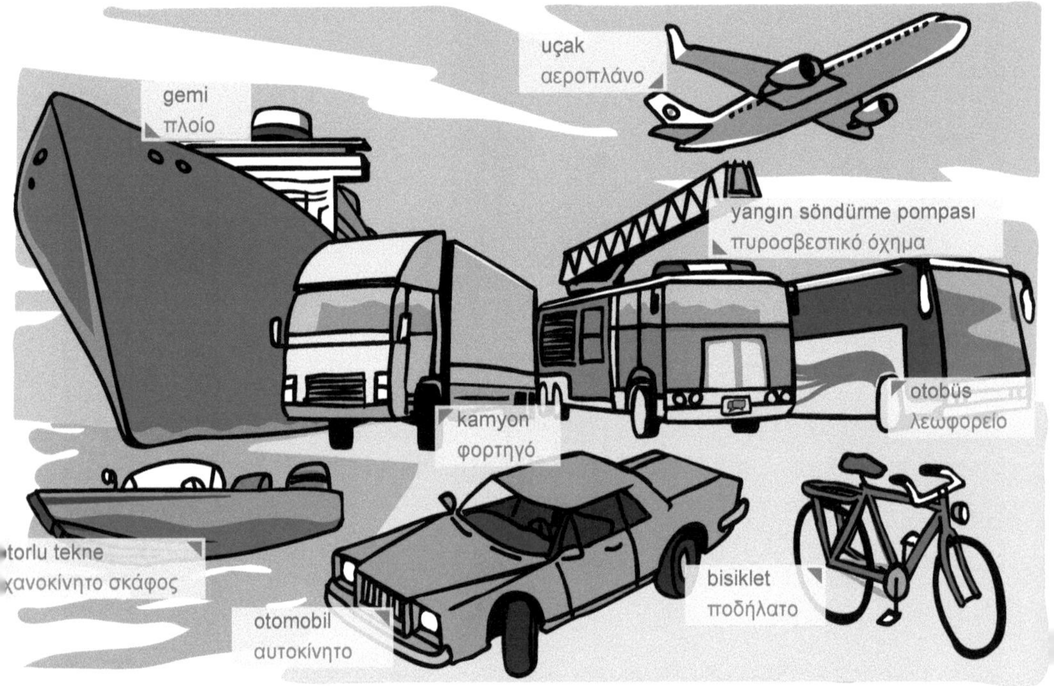

uçak
αεροπλάνο
gemi
πλοίο
yangın söndürme pompası
πυροσβεστικό όχημα
otobüs
λεωφορείο
kamyon
φορτηγό
torlu tekne
χανοκίνητο σκάφος
bisiklet
ποδήλατο
otomobil
αυτοκίνητο

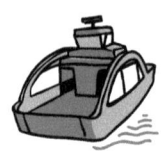

feribot

φεριμπότ

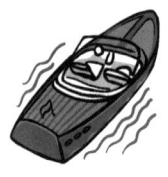

bot

βάρκα

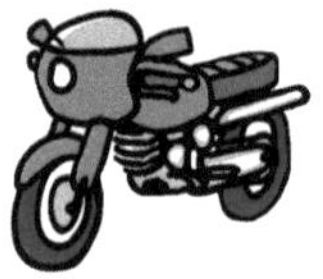

motosiklet

μοτοσικλέτα

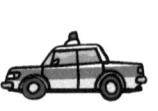

polis arabası

περιπολικό

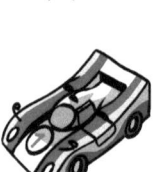

yarış arabası

αγωνιστικό αυτοκίνητο

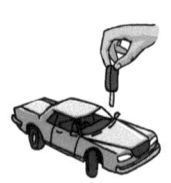

kiralık araba

ενοικιαζόμενο αυτοκίνητο

ortak araba

διαμοιρασμός αυτοκινήτων

çekici

γερανός

çöp kamyonu

απορριμματοφόρο

motor

κινητήρας

yakıt

καύσιμο

benzinlik

βενζινάδικο

trafik işareti

πινακίδα σήμανσης

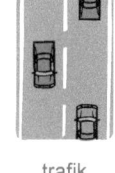

trafik

κυκλοφορία

trafik sıkışıklığı

κυκλοφοριακή συμφόρηση

otopark

χώρος στάθμευσης

tren istasyonu

σιδηροδρομικός σταθμός

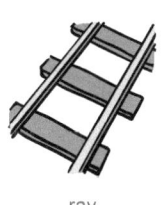

ray

σιδηροδρομικές γραμμές

tren

τρένο

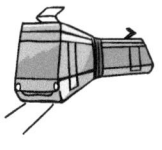

tramvay

τραμ

vagon

βαγόνι

helikopter

ελικόπτερο

havaalanı

αεροδρόμιο

kule

πύργος

yolcu

επιβάτης

konteyner

εμπορευματοκιβώτιο

koli

χαρτοκιβώτιο

yük arabası

καρότσι

sepet

καλάθι

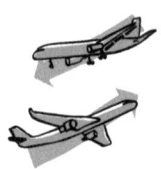

kalkış / iniş

απογειώνομαι /
προσγειόνομαι

şehir

πόλη

köy

χωριό

şehir merkezi

κέντρο της πόλης

ev

σπίτι

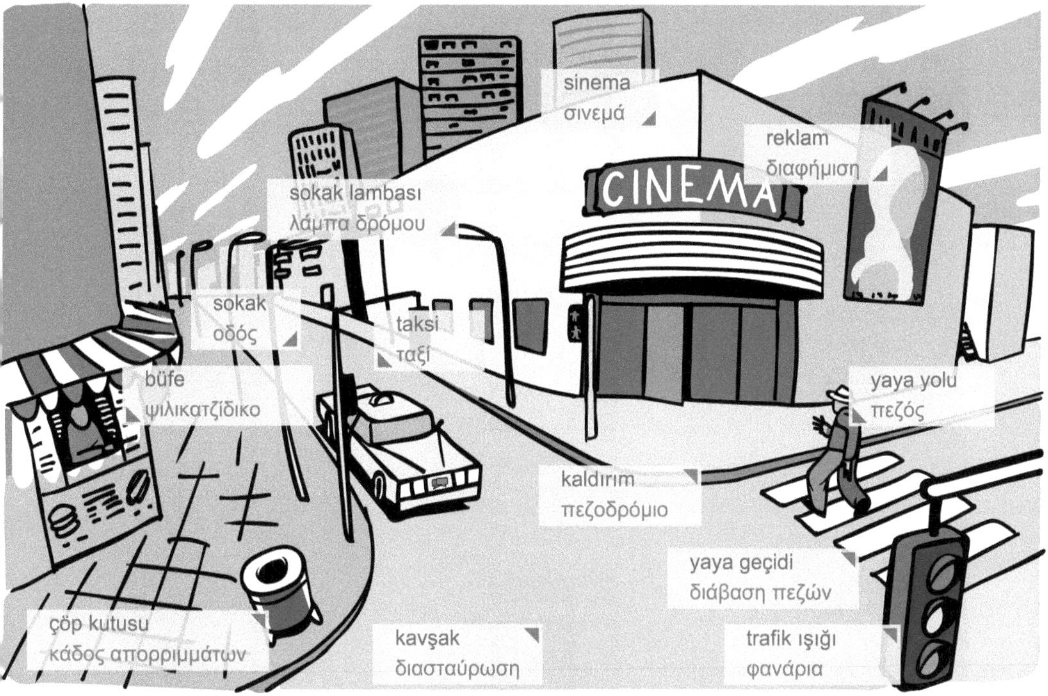

![scene](city scene)

sinema
σινεμά

reklam
διαφήμιση

sokak lambası
λάμπα δρόμου

sokak
οδός

taksi
ταξί

büfe
ψιλικατζίδικο

yaya yolu
πεζός

kaldırım
πεζοδρόμιο

yaya geçidi
διάβαση πεζών

çöp kutusu
κάδος απορριμμάτων

kavşak
διασταύρωση

trafik ışığı
φανάρια

CINEMA

kulübe

καλύβα

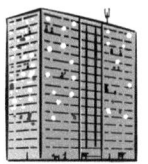

apartman dairesi

διαμέρισμα

tren istasyonu

σιδηροδρομικός σταθμός

belediye binası

δημαρχείο

müze

μουσείο

okul

σχολείο

üniversite

πανεπιστήμιο

banka

τράπεζα

hastane

νοσοκομείο

otel

ξενοδοχείο

eczane

φαρμακείο

ofis

γραφείο

kitapçı

βιβλιοπωλείο

mağaza

κατάστημα

çiçekçi

ανθοπωλείο

süpermarket

σούπερ μάρκετ

market

αγορά

büyük mağaza

πολυκατάστημα

balık satıcısı

ιχθυοπωλείο

alışveriş merkezi

εμπορικό κέντρο

liman

λιμάνι

park

πάρκο

bank

παγκάκι

köprü

γέφυρα

merdiven

σκάλες

metro

μετρό

tünel

τούνελ

otobüs durağı

στάση λεωφορείου

bar

μπαρ

restoran

εστιατόριο

posta kutusu

γραμματοκιβώτιο

sokak tabelası

πινακίδα δρόμου

otopark sayacı

παρκόμετρο

hayvanat bahçesi

ζωολογικός κήπος

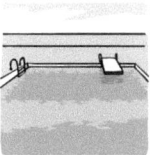

yüzme havuzu

πισίνα

cami

τζαμί

çiftlik
αγρόκτημα

kirlilik
ρύπανση

mezarlık
νεκροταφείο

kilise
εκκλησία

oyun alanı
παιδική χαρά

tapınak
ναός

arazi

τοπίο

yaprak
φύλλο

yön tabelası
πινακίδα κατεύθυνσης

yol
δρόμος

çayir
λιβάδι

taş
πέτρα

yürüyüşçü
πεζοπόρος

ağaç
δέντρο

ırmak
ποτάμι

çimen
χορτάρι

çiçek
λουλούδι

vadi

κοιλάδα

tepe

λόφος

göl

λίμνη

orman

δάσος

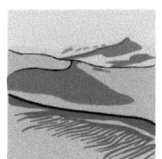

çöl

έρημος

volkan

ηφαίστειο

kale

κάστρο

gökkuşağı

ουράνιο τόξο

mantar

μανιτάρι

palmlye

φοίνικας

sivrisinek

κουνούπι

sinek

μύγα

karınca

μυρμήγκι

arı

μέλισσα

örümcek

αράχνη

böcek

σκαθάρι

kurbağa

βάτραχος

sincap

σκίουρος

kirpi

σκαντζόχοιρος

yabani tavşan

λαγός

baykuş

κουκουβάγια

kuş

πουλί

kuğu

κύκνος

yaban domuzu

αγριογούρουνο

geyik

ελάφι

geyik

άλκη

baraj

φράγμα

rüzgar türbini

ανεμογεννήτρια

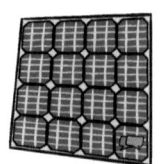

güneş paneli

ηλιακός συλλέκτης

iklim

κλίμα

restoran
εστιατόριο

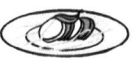

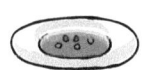

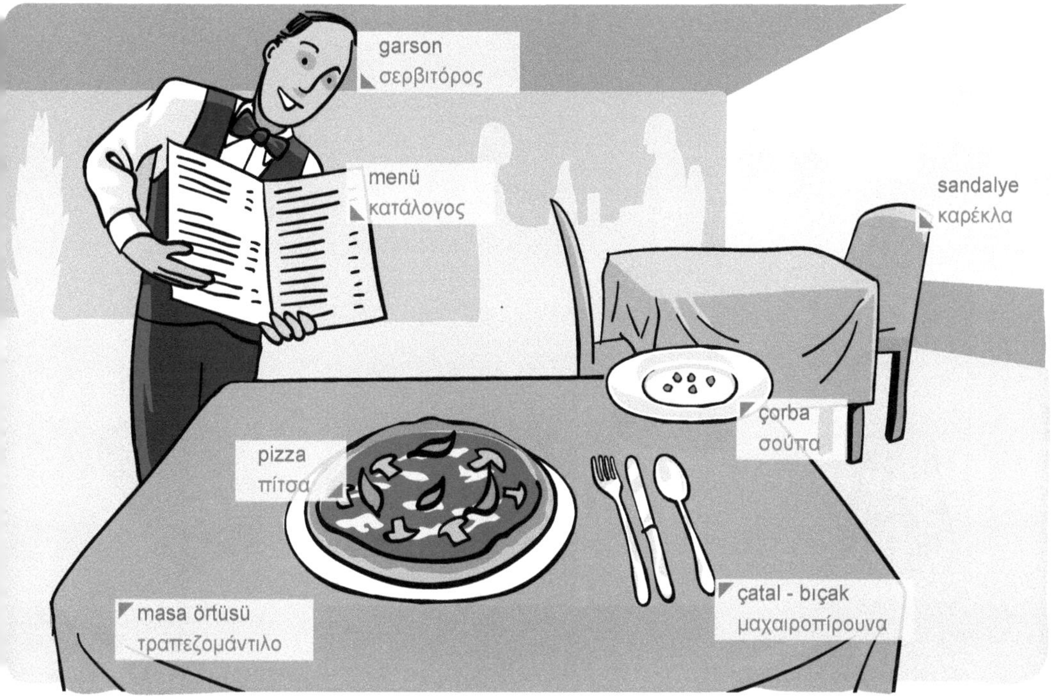
garson
σερβιτόρος
menü
κατάλογος
sandalye
καρέκλα
çorba
σούπα
pizza
πίτσα
çatal - bıçak
μαχαιροπίρουνα
masa örtüsü
τραπεζομάντιλο

başlangıç

ορεκτικό

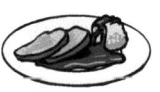

ana yemek

κύριο πιάτο

tatlı

επιδόρπιο

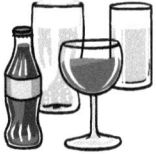

içecekler

ποτά

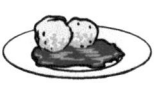

yemek

φαγητό

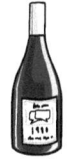

şişe

μπουκάλι

fastfood

φαστ φουντ

sokak yemeği

φαγητό στ' όρθιο

çaydanlık

τσαγιέρα

şekerlik

δοχείο ζάχαρης

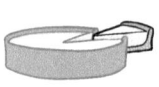

porsiyon

μερίδα

espresso makinesi

μηχανή εσπρέσο

mama sandalyesi

ψηλή καρέκλα

fatura

λογαριασμός

tepsi

δίσκος

bıçak

μαχαίρι

çatal

πιρούνι

kaşık

κουτάλι

çay kaşığı

κουταλάκι του τσαγιού

servis peçetesi

πετσέτα φαγητού

bardak

ποτήρι

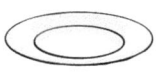		
tabak	çorba kasesi	fincan altlığı
πιάτο	πιάτο σούπας	πιατάκι φλιτζανιού

sos	tuzluk	karabiber değirmeni
σάλτσα	αλατιέρα	μύλος για πιπέρι
	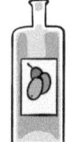	
sirke	yağ	baharat
ξύδι	λάδι	μπαχαρικά

ketçap	hardal	mayonez
κέτσαπ	μουστάρδα	μαγιονέζα

süpermarket

σούπερ μάρκετ

özel teklif
προσφορά
FOR
müşteri
πελάτης
süt ürünleri
γαλακτοκομικά προϊόντα
meyve
φρούτα
alışveriş arabası
καρότσι για ψώνια

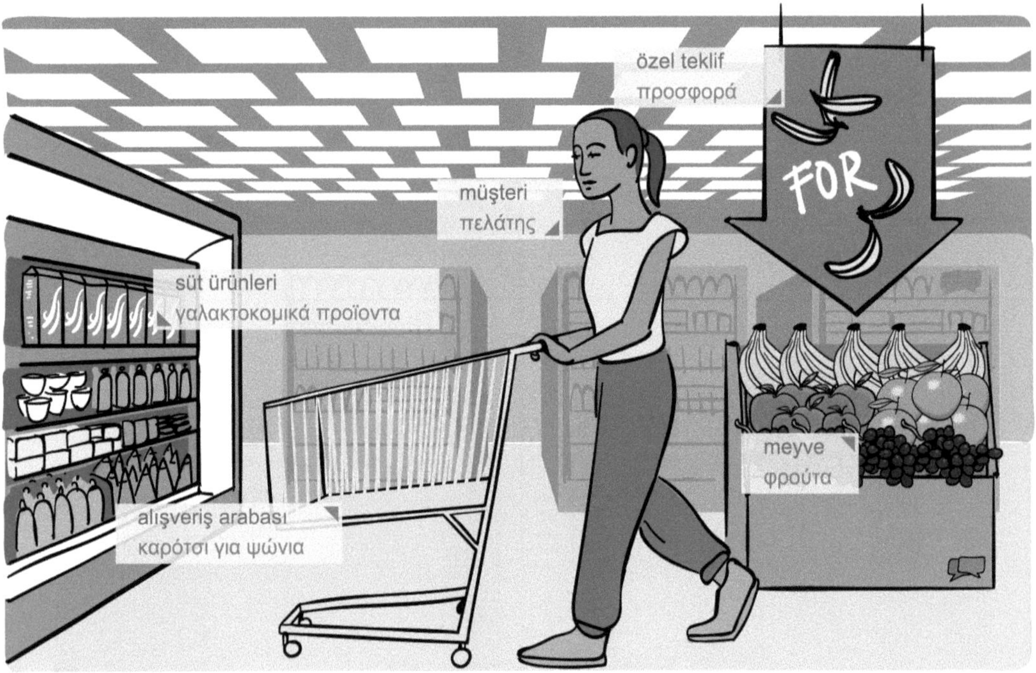

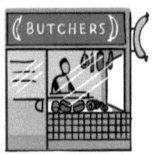

BUTCHERS

kasap

κρεοπωλείο

BAKERY

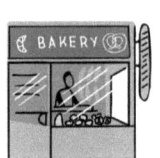

fırın

φούρνος

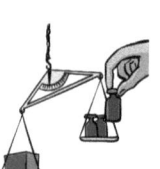

tartmak

ζυγίζω

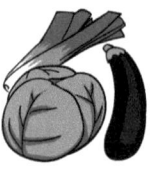

sebze

λαχανικά

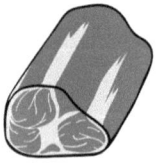

et

κρέας

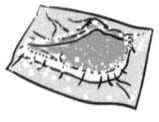

donmuş gıda

κατεψυγμένα τρόφιμα

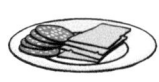

söğüş et

αλλαντικά

konserve yiyecek

κονσερβοποιημένη τροφή

toz deterjan

απορρυπαντικό ρούχων

şekerlemeler

γλυκά

ev temizlik ürünleri

οικιακά είδη

temizlik ürünleri

καθαριστικά προϊόντα

satış görevlisi

πωλήτρια

yazar kasa

ταμείο

kasiyer

ταμίας

alışveriş listesi

λίστα για ψώνια

açılış saatleri

ωράριο λειτουργίας

cüzdan

πορτοφόλι

kredi kartı

πιστωτική κάρτα

çanta

τσάντα

plastik poşet

πλαστική σακούλα

su

νερό

meyve suyu

χυμός

süt

γάλα

kola

κόκα κόλα

şarap

κρασί

bira

μπίρα

alkol

αλκοόλ

kakao

κακάο

çay

τσάι

kahve

καφές

espresso

εσπρέσο

kapuçino

καπουτσίνο

muz

μπανάνα

elma

μήλο

portakal

πορτοκάλι

kavun

πεπόνι

limon

λεμόνι

havuç

καρότο

sarımsak

σκόρδο

bambu

μπαμπού

soğan

κρεμμύδι

mantar

μανιτάρι

çerez

ξηροί καρποί

makarna

νουντλς

spagetti

μακαρόνια

pirinç

ρύζι

salata

σαλάτα

cips

πατατάκια

patates kızartması

τηγανητές πατάτες

pizza

πίτσα

hamburger

χάμπουργκερ

sandviç

σάντουιτς

şinitzel

κοτολέτα

pastırma

ζαμπόν

salam

σαλάμι

sosis

λουκάνικο

tavuk

κοτόπουλο

rosto

ψητό

balık

ψάρι

yulaf ezmesi

χυλός βρώμης

müsli

μούσλι

mısır gevreği

κορν φλέικς

un

αλεύρι

kruvasan

κρουασάν

küçük ekmek

ψωμάκι

ekmek

ψωμί

tost

τοστ

bisküvi

μπισκότα

tereyağı

βούτυρο

kaymak

τυρόπηγμα

kek

κέικ

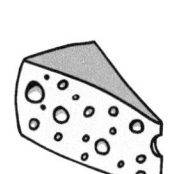

yumurta

αυγό

sahanda yumurta

τηγανητό αυγό

peynir

τυρί

yemek - φαγητό

dondurma

παγωτό

şeker

ζάχαρη

bal

μέλι

reçel

μαρμελάδα

fındık ezmesi

άλλειμμα σοκολάτας

köri

κάρυ

çiftlik
αγρόκτημα

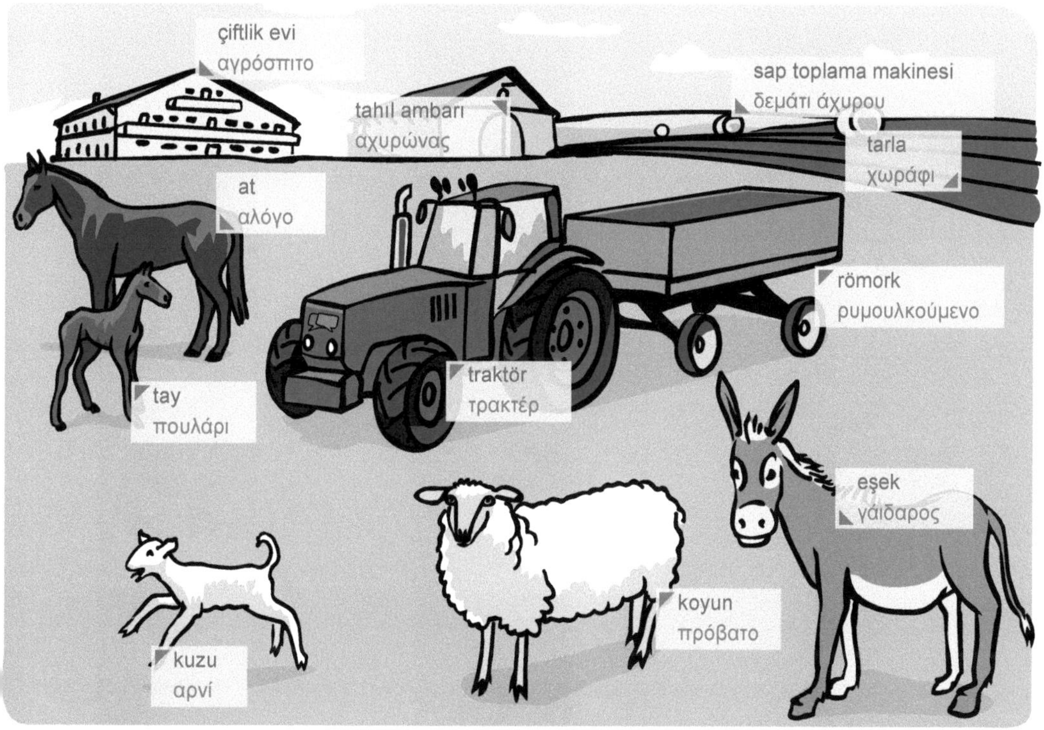

çiftlik evi
αγρόσπιτο
sap toplama makinesi
δεμάτι άχυρου
tahıl ambarı
αχυρώνας
tarla
χωράφι
at
αλόγο
römork
ρυμουλκούμενο
traktör
τρακτέρ
tay
πουλάρι
eşek
γάιδαρος
koyun
πρόβατο
kuzu
αρνί

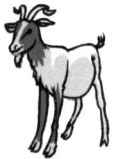

keçi

κατσίκα

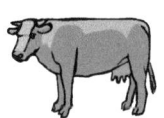

inek

αγελάδα

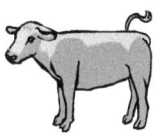

buzağı

μοσχαράκι

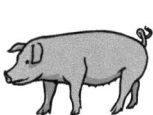

domuz

γουρούνι

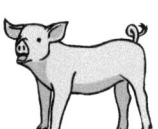

domuz yavrusu

γουρουνάκι

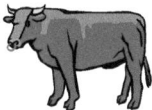

boğa

ταύρος

kaz

χήνα

ördek

πάπια

civciv

κοτοπουλάκι

tavuk

κότα

horoz

κόκορας

sıçan

αρουραίος

kedi

γάτα

fare

ποντίκι

öküz

βόδι

köpek

σκύλος

köpek kulübesi

σπιτάκι σκύλου

bahçe hortumu

λάστιχο κήπου

sulama kabı

ποτιστήρι

tırpan

θεριστήρι

pulluk

αλέτρι

orak

δρεπάνι

çapa

τσάπα

dirgen

δίκρανο

balta

τσεκούρι

el arabası

χειράμαξα

yemlik

ταΐστρα

süt kovası

δοχείο γάλακτος

çuval

σάκος

çit

φράχτης

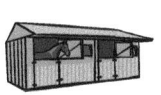

ahır

στάβλος

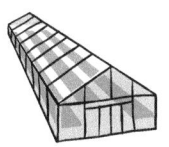

sera

θερμοκήπιο

toprak

έδαφος

tohum

σπόρος

gübre

λίπασμα

biçerdöver

θεριζοαλωνιστική μηχανή

çiftlik - αγρόκτημα

hasat etmek
θερίζω

harman
συγκομιδή

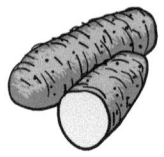

tatlı patates
γιαμς

buğday
σιτάρι

soya
σόγια

patates
πατάτα

mısır
καλαμπόκι

kolza
κράμβη

meyve ağacı
οπωροφόρο δέντρο

manyok
μανιόκα

hububat
δημητριακά

ev

σπίτι

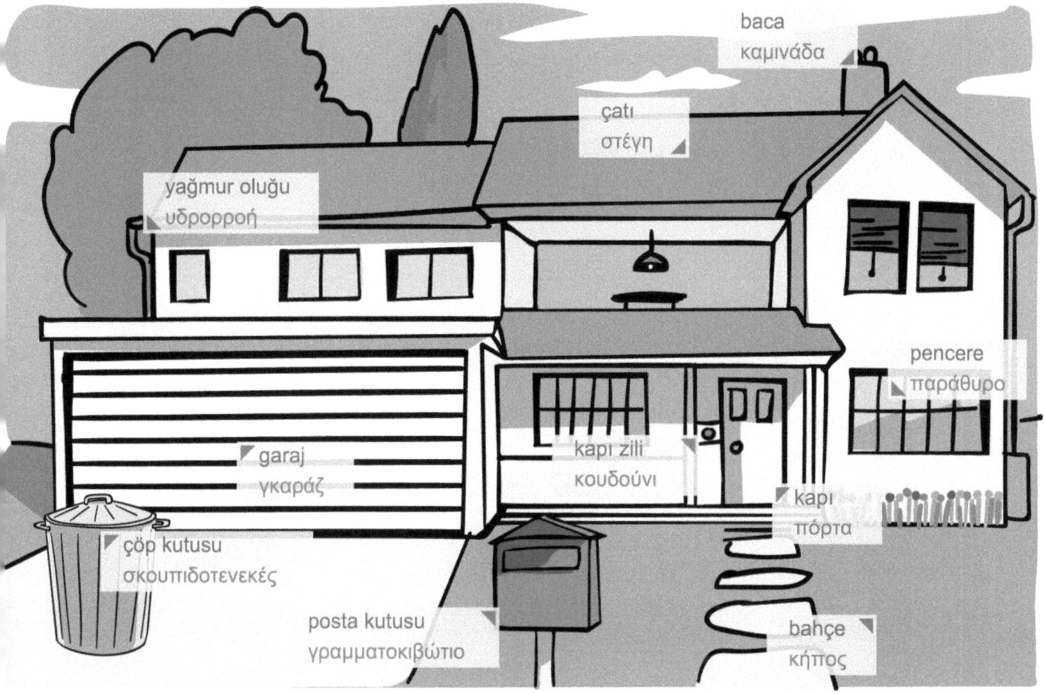
baca
καμινάδα
çatı
στέγη
yağmur oluğu
υδρορροή
pencere
παράθυρο
garaj
γκαράζ
kapı zili
κουδούνι
kapı
πόρτα
çöp kutusu
σκουπιδοτενεκές
posta kutusu
γραμματοκιβώτιο
bahçe
κήπος

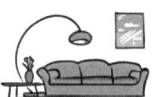

oturma odası

σαλόνι

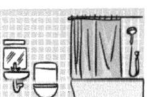

banyo

μπάνιο

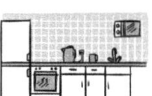

mutfak

κουζίνα

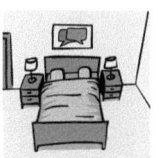

yatak odası

υπνοδωμάτιο

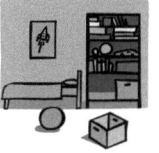

çocuk odası

παιδικό δωμάτιο

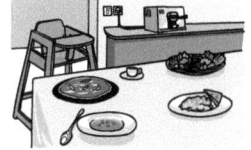

yemek odası

τραπεζαρία

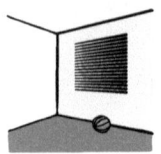

zemin

πάτωμα

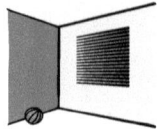

duvar

τοίχος

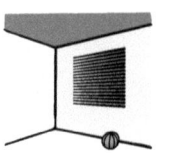

tavan

οροφή

kiler

κελάρι

sauna

σάουνα

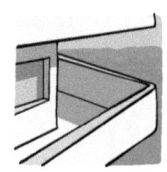

balkon

μπαλκόνι

teras

βεράντα

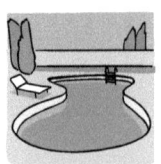

havuz

πισίνα

çim biçme makinesi

μηχανή του γκαζόν

çarşaf

σεντόνι

yatak örtüsü

κάλυμμα κρεβατιού

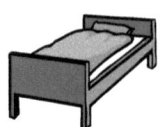

yatak

κρεβάτι

süpürge

σκούπα

kova

κουβάς

anahtar

διακόπτης

oturma odası
σαλόνι

duvar kağıdı
ταπετσαρία
resim
φωτογραφία
lamba
λάμπα
raf
ράφι
dolap
ντουλάπι
televizyon
τηλεόραση
şömine
τζάκι
çiçek
λουλούδι
minder
μαξιλάρι
kanepe
καναπές
vazo
βάζο
uzaktan kumanda
τηλεκοντρόλ

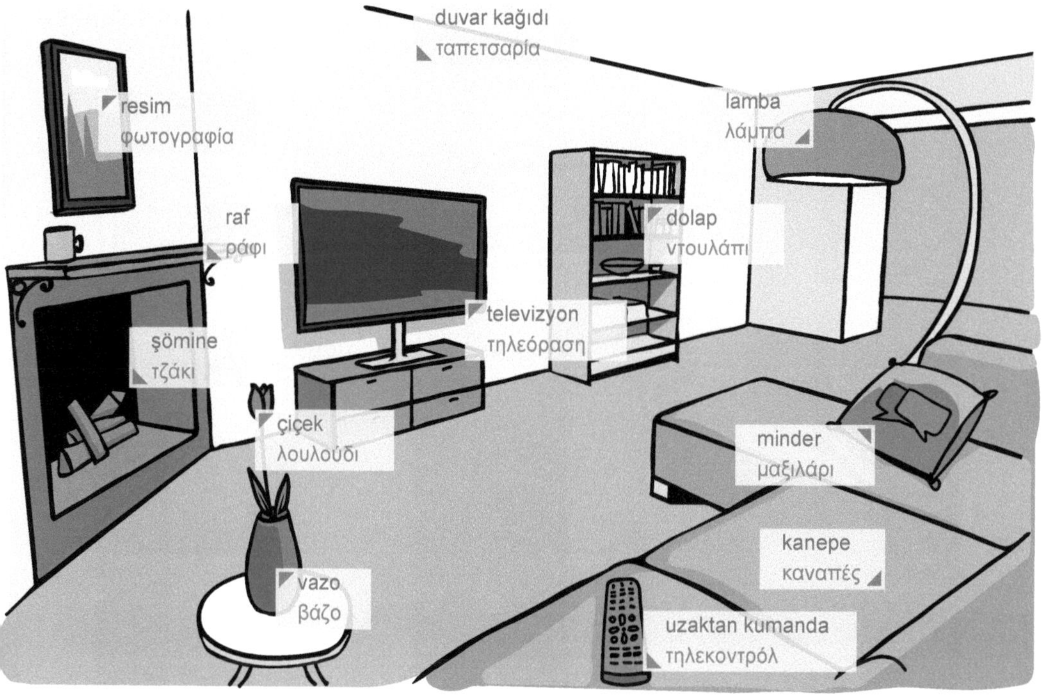

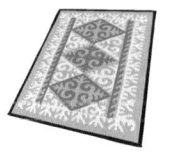

halı
χαλί

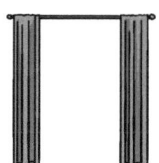

perde
κουρτίνα

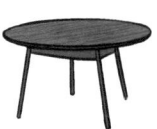

masa
τραπέζι

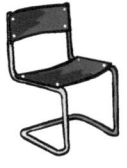

sandalye
καρέκλα

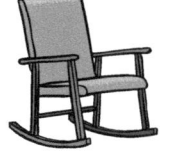

salıncaklı koltuk
κουνιστή πολυθρόνα

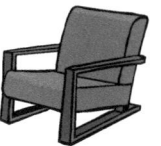

koltuk
πολυθρόνα

kitap

βιβλίο

battaniye

κουβέρτα

dekor

διακόσμηση

odun

καυσόξυλα

film

ταινία

hi-fi

στερεοφωνικό σύστημα

anahtar

κλειδί

gazete

εφημερίδα

tablo

πίνακας ζωγραφικής

poster

αφίσα

radyo

ραδιόφωνο

defter

σημειωματάριο

elektrikli süpürge

ηλεκτρική σκούπα

kaktüs

κάκτος

mum

κερί

oturma odası - σαλόνι

mutfak
κουζίνα

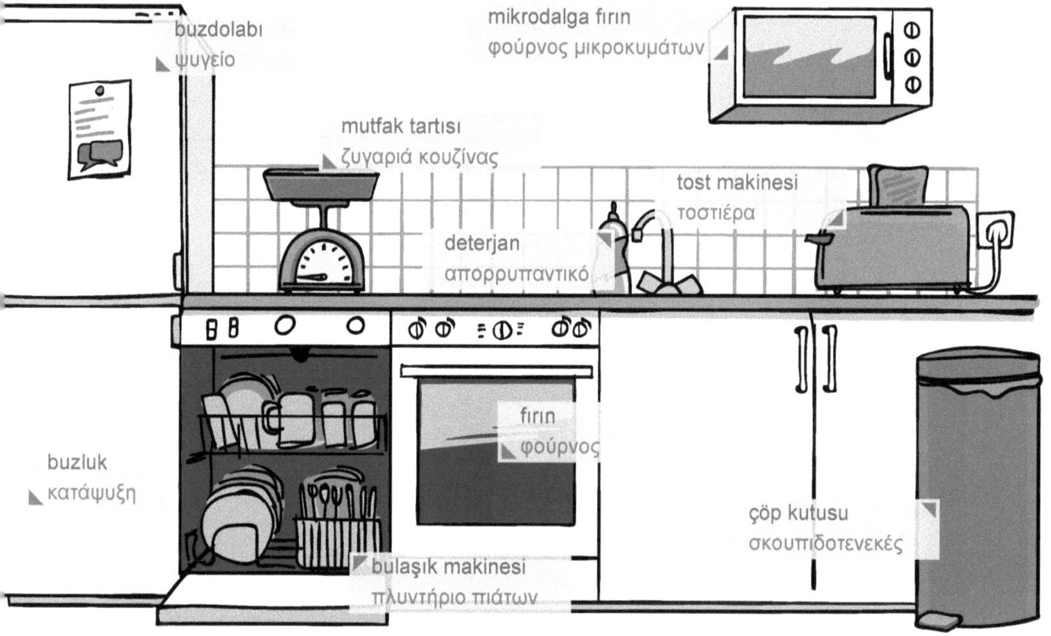

buzdolabı
ψυγείο
mikrodalga fırın
φούρνος μικροκυμάτων
mutfak tartısı
ζυγαριά κουζίνας
tost makinesi
τοστιέρα
deterjan
απορρυπαντικό
fırın
φούρνος
buzluk
κατάψυξη
çöp kutusu
σκουπιδοτενεκές
bulaşık makinesi
πλυντήριο πιάτων

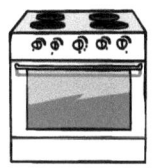

ocak

κουζίνα

tencere

κατσαρόλα

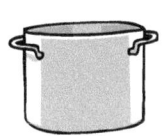

döküm tencere

μαντεμένια κατσαρόλα

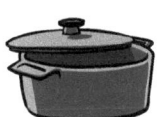

wok

γουόκ/καντάι

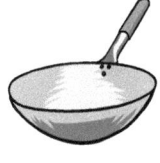

tava

τηγάνι

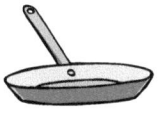

su ısıtıcı

βραστήρας

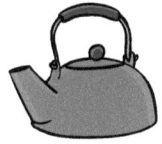

buharlı pişirici

ατμομάγειρας

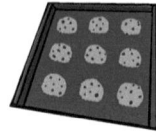

pişirme tepsisi

ταψί

tabak takımı

πιατικά

kupa

κούπα

kase

μπολ

çubuk (çin yemeği)

ξυλάκια

kepçe

κουτάλα

spatula

σπάτουλα

çırpma teli

ανακατεύω

süzgeç

σουρωτήρι

elek

σουρωτηράκι

rende

τρίφτης

havan

γουδί

barbekü

ψησταριά

açık ateş

ανοιχτή φωτιά

kesme tahtası

σανίδα κοπής

merdane

πλάστης

tirbüşon

ανοιχτήρι φελλών

konserve kutusu

κονσέρβα

konserve açacağı

ανοιχτήρι κονσέρβας

fırın eldiveni

γάντι φούρνου

evye

νεροχύτης

fırça

βούρτσα

sünger

σφουγγάρι

blender

μπλέντερ

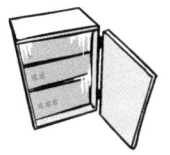

derin dondurucu

καταψύκτης

biberon

μπιμπερό

musluk

βρύση

banyo
μπάνιο

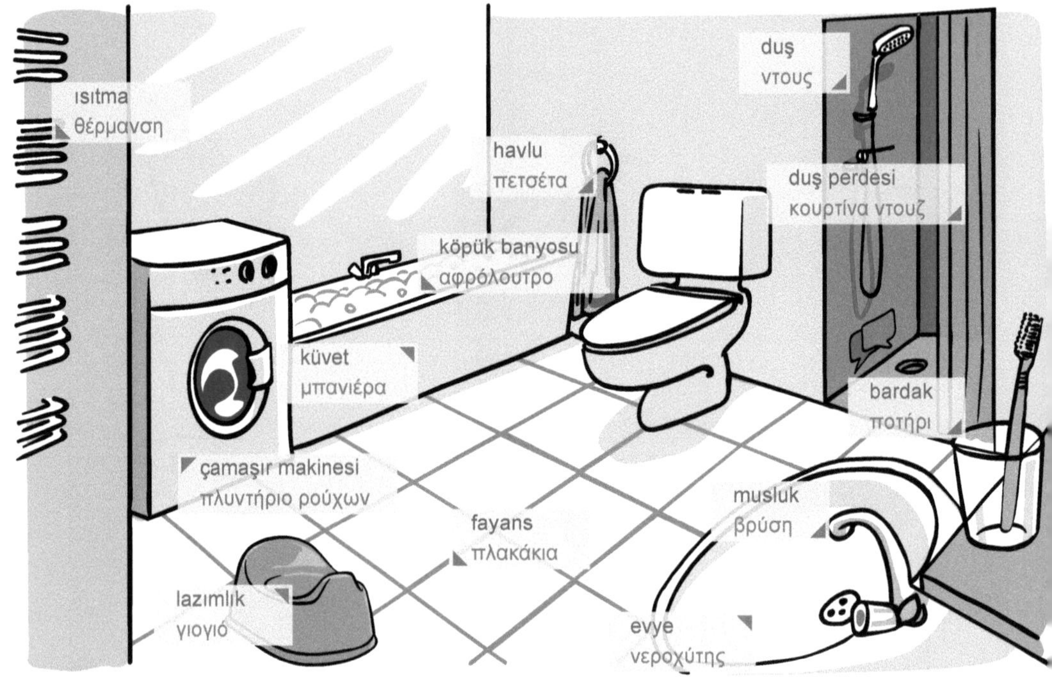

ısıtma
θέρμανση
havlu
πετσέτα
duş
ντους
duş perdesi
κουρτίνα ντουζ
köpük banyosu
αφρόλουτρο
küvet
μπανιέρα
bardak
ποτήρι
çamaşır makinesi
πλυντήριο ρούχων
musluk
βρύση
fayans
πλακάκια
lazımlık
γιογιό
evye
νεροχύτης

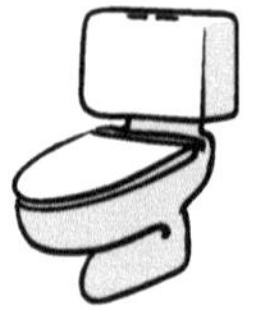

tuvalet
τουαλέτα

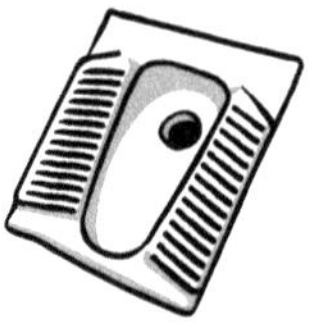

alaturka tuvalet
τούρκικη τουαλέτα

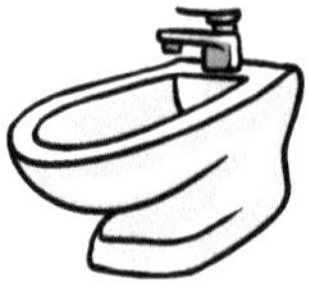

bide
μπιντές

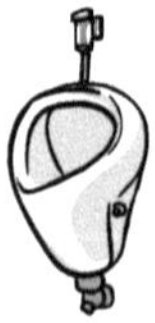

pisuvar
ουρητήριο

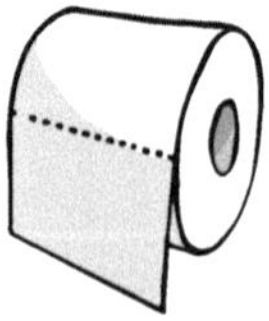

tuvalet kağıdı
χαρτί υγείας

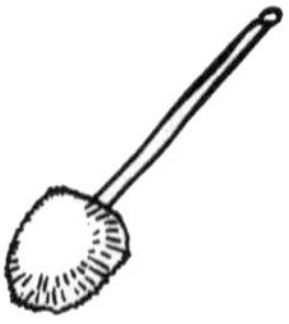

tuvalet fırçası
πιγκάλ

diş fırçası

οδοντόβουρτσα

diş macunu

οδοντόκρεμα

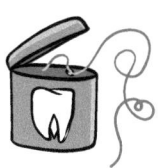

diş ipi

οδοντικό νήμα

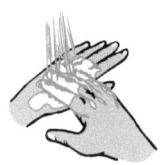

yıkamak

πλένω

duş başlığı

τηλέφωνο ντους

duş başlığı şeklinde taharet musluğu

ντουσιέρα

küvet

λεκάνη

banyo fırçası

βούρτσα πλάτης

sabun

σαπούνι

duş jeli

αφρόλουτρο

şampuan

σαμπουάν

banyo lifi

φανέλα

gider

σιφόνι

krem

κρέμα

deodorant

αποσμητικό

banyo - μπάνιο

ayna

καθρέφτης

el aynası

καθρέφτης χειρός

jilet

ξυραφάκι

tıraş köpüğü

αφρός ξυρίσματος

tıraş losyonu

αφτερσέιβ

tarak

χτένα

fırça

βούρτσα

saç kurutma makinesi

σεσουάρ

saç spreyi

λακ

makyaj

μακιγιάζ

ruj

κραγιόν

tırnak cilası

βερνίκι νυχιών

pamuk

βαμβάκι

tırnak makası

ψαλίδι νυχιών

parfüm

άρωμα

makyaj çantası

νεσεσέρ

tabure

σκαμπό

tartı

ζυγαριά

bornoz

μπουρνούζι

lastik eldiven

ελαστικά γάντια

tampon

ταμπόν

kadın pedi

πετσέτα υγιεινής

kimyevi tuvalet

χημική τουαλέτα

çocuk odası

παιδικό δωμάτιο

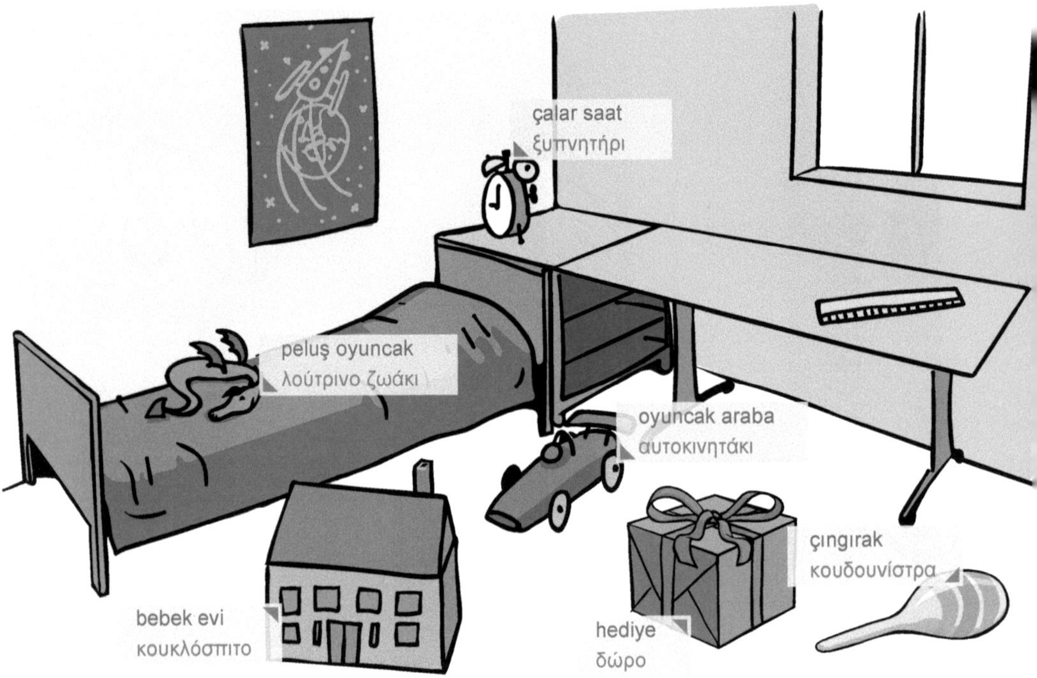

çalar saat
ξυπνητήρι
peluş oyuncak
λούτρινο ζωάκι
oyuncak araba
αυτοκινητάκι
çıngırak
κουδουνίστρα
bebek evi
κουκλόσπιτο
hediye
δώρο

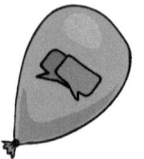

balon
....
μπαλόνι

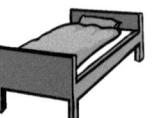

yatak
....
κρεβάτι

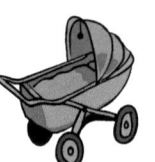

bebek arabası
....
καροτσάκι

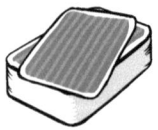

kart destesi
....
τράπουλα

yapboz
....
παζλ

SUPER
MEGA

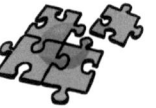

çizgi roman
....
κόμικς

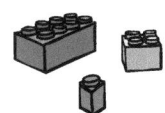

lego tuğlaları

τουβλάκια lego

lego blokları

τουβλάκια κατασκευών

aksiyon figürü

φιγούρα δράσης

zıbın

βρεφικό φορμάκι

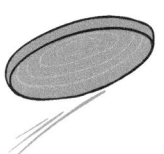

frizbi

φρίσμπι

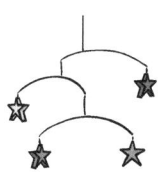

dönence

μόμπιλο

masa oyunu

επιτραπέζιο παιχνίδι

zar

ζάρια

model tren seti

σετ τρενάκι

emzik

πιπίλα

parti

πάρτι

resimli kitap

εικονογραφημένο βιβλίο

top

μπάλα

oyuncak bebek

κούκλα

oynamak

παίζω

kum havuzu

σκάμμα με άμμο

salıncak

κούνια

oyuncaklar

παιχνίδια

video oyun konsolu

κονσόλα βιντεοπαιχνιδιών

üç tekerlekli bisiklet

τρίκυκλο

oyuncak ayı

αρκουδάκι

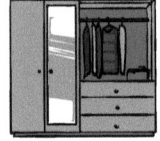

gardırop

ντουλάπα

kıyafet

ρούχα

çorap

κάλτσες

külotlu çorap

καλτσοδέτες

tayt

καλσόν

eşarp
κασκόλ

şemsiye
ομπρέλα

tişört
μπλουζάκι

kemer
ζώνη

bot
μπότες

terlik
παντόφλες

spor ayakkabı
αθλητικά παπούτσια

sandalet
σανδάλια

ayakkabı
παπούτσια

lastik çizme
γαλότσες

külot
εσώρουχο

sütyen
σουτιέν

yelek
φανέλα

dar bluz

σώμα

pantolon

παντελόνι

kot pantolon

τζιν παντελόνι

etek

φούστα

bluz

μπλούζα

gömlek

πουκάμισο

kazak

πουλόβερ

süveter

πουλόβερ

blazer

σακάκι

ceket

μπουφάν

mont

παλτό

yağmurluk

αδιάβροχο πανωφόρι

kostüm

κοστούμι

elbise

φόρεμα

gelinlik

νυφικό

takım elbise

κοστούμι

gecelik

νυχτικό

pijama

πιτζάμες

sari

σάρι

baş örtüsü

μαντήλι

türban

τουρμπάνι

burka

μπούρκα

kaftan

καφτάνι

çarşaf

μουσουλμανικό ένδυμα

mayo

ολόσωμο μαγιό

erkek mayosu

ανδρικό μαγιό

şort

σορτς

eşofman

αθλητική φόρμα

önlük

ποδιά

eldiven

γάντια

düğme

κουμπί

gözlük

γυαλιά

bilezik

βραχιόλι

kolye

περιδέραιο

yüzük

δαχτυλίδι

küpe

σκουλαρίκι

kep

καπέλο

portmanto

κρεμάστρα

şapka

καπέλο

kravat

γραβάτα

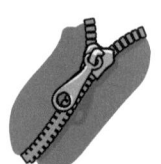

fermuar

φερμουάρ

kask

κράνος

pantolon askısı

τιράντες

okul forması

μαθητική στολή

üniforma

στολή

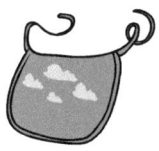

mama önlüğü

σαλιάρα

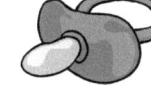

emzik

πιπίλα

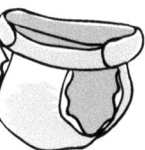

bebek bezi

πάνα

ofis
γραφείο

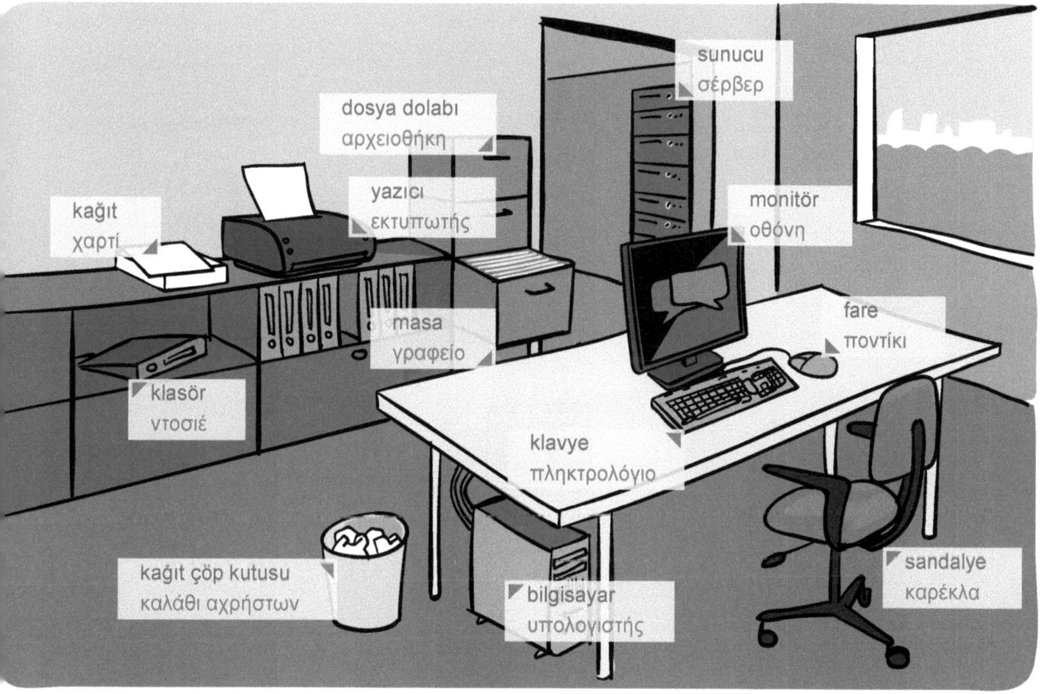
sunucu
σέρβερ
dosya dolabı
αρχειοθήκη
yazıcı
εκτυπωτής
kağıt
χαρτί
monitör
οθόνη
fare
ποντίκι
masa
γραφείο
klasör
ντοσιέ
klavye
πληκτρολόγιο
kağıt çöp kutusu
καλάθι αχρήστων
bilgisayar
υπολογιστής
sandalye
καρέκλα

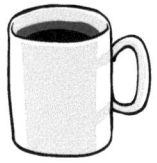

kahve fincanı

κούπα του καφέ

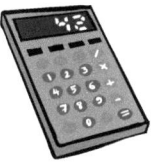

hesap makinesi

κομπιουτεράκι

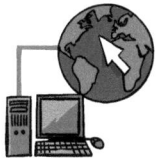

internet

ίντερνετ

dizüstü

λάπτοπ

mektup

γράμμα

mesaj

μήνυμα

cep telefonu

κινητό

ağ

δίκτυο

fotokopi makinesi

φωτοτυπικό μηχάνημα

yazılım

λογισμικό

telefon

τηλέφωνο

priz

πρίζα

faks makinesi

συσκευή φαξ

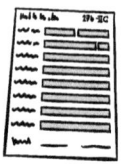

form

έντυπο

belge

έγγραφο

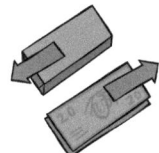

satın almak
αγοράζω

ödemek
πληρώνω

ticaret yapmak
συναλλάσσομαι

para
χρήματα

dolar
δολάριο

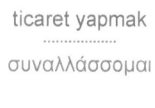

avro
ευρώ

yen
γιεν

ruble
ρούβλι

İsviçre frangı
ελβετικό φράγκο

Çin yuanı
ρενμίνμπι γιουάν

rupi
ρουπία

kasa
ATM (αυτόματη ταμειακή μηχανή)

döviz bürosu

ανταλλακτήρια συναλλάγματος

altın

χρυσός

gümüş

ασήμι

petrol

πετρέλαιο

enerji

ενέργεια

fiyat

τιμή

kontrat

συμβόλαιο

vergi

φόρος

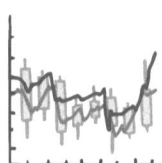

menkul değer

μετοχή

çalışmak

δουλεύω

işveren

υπάλληλος

işçi

εργοδότης

fabrika

εργοστάσιο

mağaza

κατάστημα

meslekler
επαγγέλματα

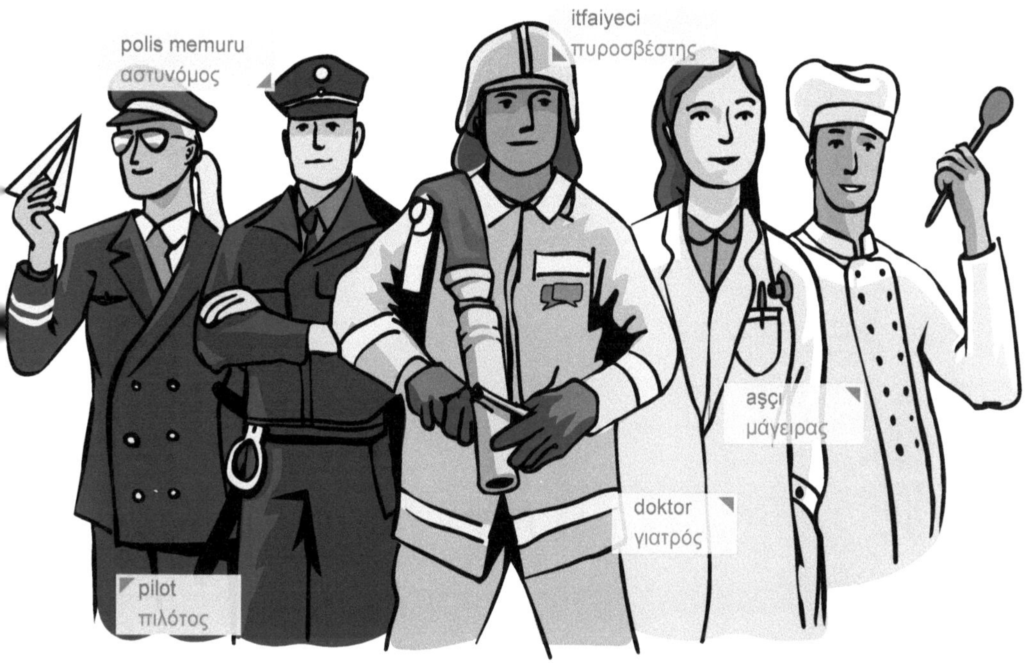
polis memuru
αστυνόμος
itfaiyeci
πυροσβέστης
aşçı
μάγειρας
doktor
γιατρός
pilot
πιλότος

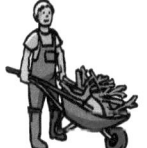

bahçıvan

κηπουρός

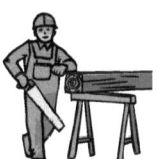

marangoz

ξυλουργός

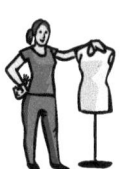

terzi

μοδίστρα

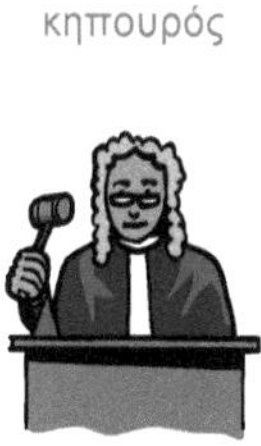

hakim

δικαστής

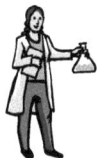

kimyager

χημικός

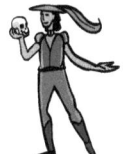

aktör

ηθοποιός

otobüs şoförü

οδηγός λεωφορείου

taksi şoförü

ταξιτζής

balıkçı

ψαράς

temizlikçi

καθαρίστρια

çatı ustası

τεχνίτης στεγών

garson

σερβιτόρος

avcı

κυνηγός

boyacı

ζωγράφος

fırıncı

αρτοποιός

elektrikçi

ηλεκτρολόγος

inşaatçı

οικοδόμος

mühendis

μηχανολόγος

kasap

κρεοπώλης

muslukçu

υδραυλικός

postacı

ταχυδρόμος

asker

στρατιώτης

mimar

αρχιτέκτονας

kasiyer

ταμίας

çiçekçi

ανθοπώλης

kuaför

κομμωτής

kondüktör

ελεγκτής εισιτηρίων

tamirci

μηχανικός

kaptan

καπετάνιος

dişçi

οδοντίατρος

bilim insanı

επιστήμονας

haham

ραβίνος

imam

ιμάμης

keşiş

μοναχός

rahip

ιερέας

meslekler - επαγγέλματα

aletler
εργαλεία

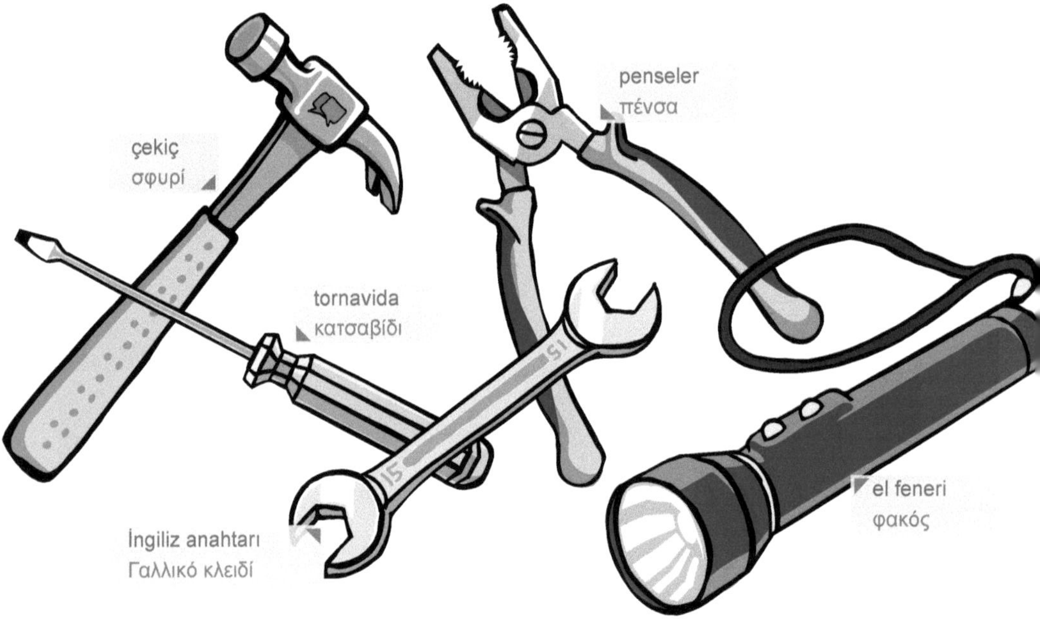

çekiç
σφυρί
penseler
πένσα
tornavida
κατσαβίδι
İngiliz anahtarı
Γαλλικό κλειδί
el feneri
φακός

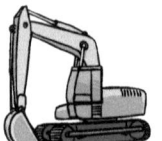

kazı makinesi
εκσκαφέας

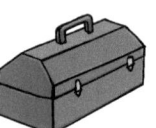

alet çantası
εργαλειοθήκη

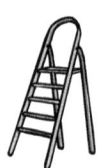

merdiven
σκάλα

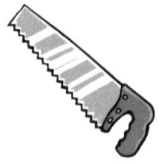

testere
πριόνι

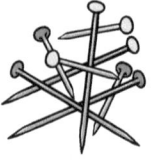

çiviler
καρφιά

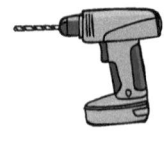

matkap
τρυπάνι

tamir etmek

επισκευάζω

kürek

φτυάρι

Kahretsin!

Να πάρει!

faraş

φαράσι

boya tenekesi

δοχείο χρωμάτων

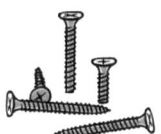

vidalar

βίδες

müzik enstrümanı
μουσικά όργανα

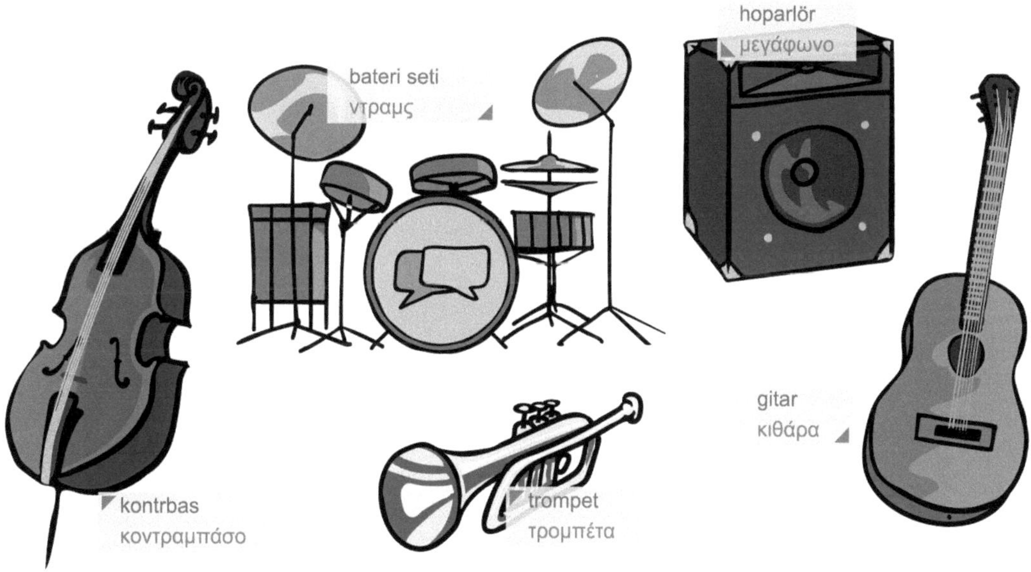

hoparlör
μεγάφωνο

bateri seti
ντραμς

gitar
κιθάρα

kontrbas
κοντραμπάσο

trompet
τρομπέτα

piyano

πιάνο

keman

βιολί

basgitar

μπάσο

timpani

τύμπανα

bateri

τύμπανο

klavye

πλήκτρα

saksafon

σαξόφωνο

flüt

φλάουτο

mikrofon

μικρόφωνο

hayvanat bahçesi

ζωολογικός κήπος

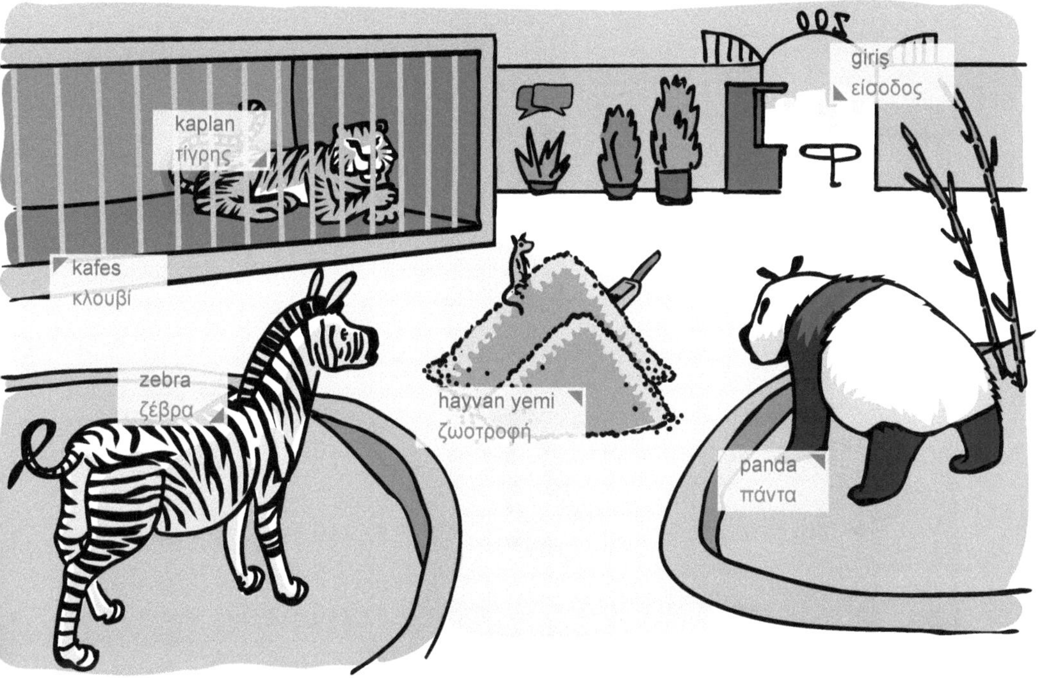
zoo
giriş
είσοδος
kaplan
τίγρης
kafes
κλουβί
zebra
ζέβρα
hayvan yemi
ζωοτροφή
panda
πάντα

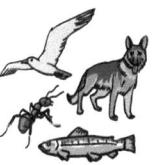

hayvanlar

ζώα

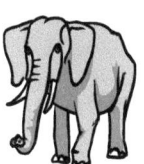

fil

ελέφαντας

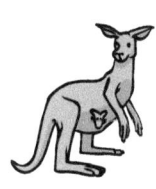

kanguru

καγκουρό

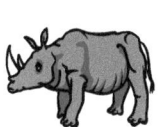

gergedan

ρινόκερος

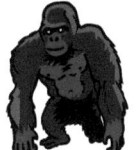

goril

γορίλας

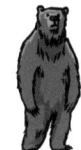

ayı

αρκούδα

deve

καμήλα

deve kuşu

στρουθοκάμηλος

aslan

λιοντάρι

maymun

πίθηκος

flamingo

φλαμίνγκο

papağan

παπαγάλος

kutup ayısı

πολική αρκούδα

penguen

πιγκουίνος

köpek balığı

καρχαρίας

tavus kuşu

παγώνι

yılan

φίδι

timsah

κροκόδειλος

hayvanat bahçesi görevlisi

φύλακας ζωολογικού κήπου

fok

φώκια

jaguar

τζάγκουαρ

midilli atı

πόνυ

leopar

λεοπάρδαλη

su aygırı

ιπποπόταμος

zürafa

καμηλοπάρδαλη

kartal

αετός

yaban domuzu

αγριογούρουνο

balık

ψάρι

kaplumbağa

χελώνα

mors

θαλάσσιος ίππος

tilki

αλεπού

ceylan

γαζέλα

amerikan futbolu
Αμερικάνικο ποδόσφαιρο

bisiklete binme
ποδηλασία

tenis
αντισφαίριση

basketbol
μπάσκετ

yüzme
κολύμβηση

boks
πυγχαμία

buz hokeyi
χόκεϊ επί πάγου

futbol
ποδόσφαιρο

badminton
μπάντμιντον

atletizm
στίβος

hentbol
χάντμπολ

kayak
σκι

polo
πόλο

atlamak
πηδάω

gülmek
γελάω

sarılmak
αγκαλιάζω

yürümek
περπατάω

söylemek
τραγουδάω

hayal etmek
ονειρεύομαι

dua etmek
προσεύχομαι

öpmek
φιλάω

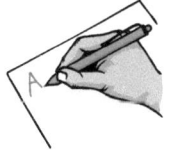

yazmak

γράφω

çizmek

σχεδιάζω

göstermek

δείχνω

itmek

πιέζω

vermek

δίνω

almak

παίρνω

sahip olmak

έχω

yapmak

κάνω

olmak

είμαι

ayakta durmak

στέκομαι

koşmak

τρέχω

çekmek

τραβάω

atmak

ρίχνω

düşmek

πέφτω

yalan söylemek

ξαπλώνω

beklemek

περιμένω

taşımak

κουβαλώ

oturmak

κάθομαι

giyinmek

φοράω

uyumak

κοιμάμαι

uyanmak

ξυπνάω

bakmak
κοιτάω

ağlamak
κλαίω

vurmak
χαϊδεύω

taramak
χτενίζω

konuşmak
μιλάω

anlamak
καταλαβαίνω

sormak
ρωτάω

dinlemek
ακούω

içmek
πίνω

yemek
τρώω

düzenlemek
συγυρίζω

sevmek
αγαπάω

pişirmek
μαγειρεύω

sürmek
οδηγώ

uçmak
πετάω

denize açılmak

κάνω ιστιοπλοΐα

hesapla

υπολογίζω

okumak

διαβάζω

öğrenmek

μαθαίνω

çalışmak

δουλεύω

evlenmek

παντρεύομαι

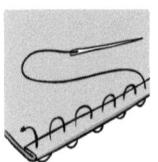

dikmek

ράβω

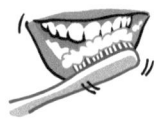

diş fırçalamak

βουρτσίζω τα δόντια

öldürmek

σκοτώνω

sigara içmek

καπνίζω

yollamak

στέλνω

etkinlikler - δραστηριότητες

büyükanne
γιαγιά

büyükbaba
παππούς

baba
πατέρας

anne
μητέρα

bebek
μωρό

κιz
κόρη

oğul
γιος

misafir
καλεσμένος

teyze
θεία

amca
θείος

erkek kardeş
αδελφός

kız kardeş
αδελφή

vücut
σώμα

alın
μέτωπο
göz
μάτι
omuz
ώμος
parmak
δάχτυλο
yüz
πρόσωπο
çene
πιγούνι
el
χέρι
bacak
πόδι
göğüs
στήθος
kol
βραχίονας

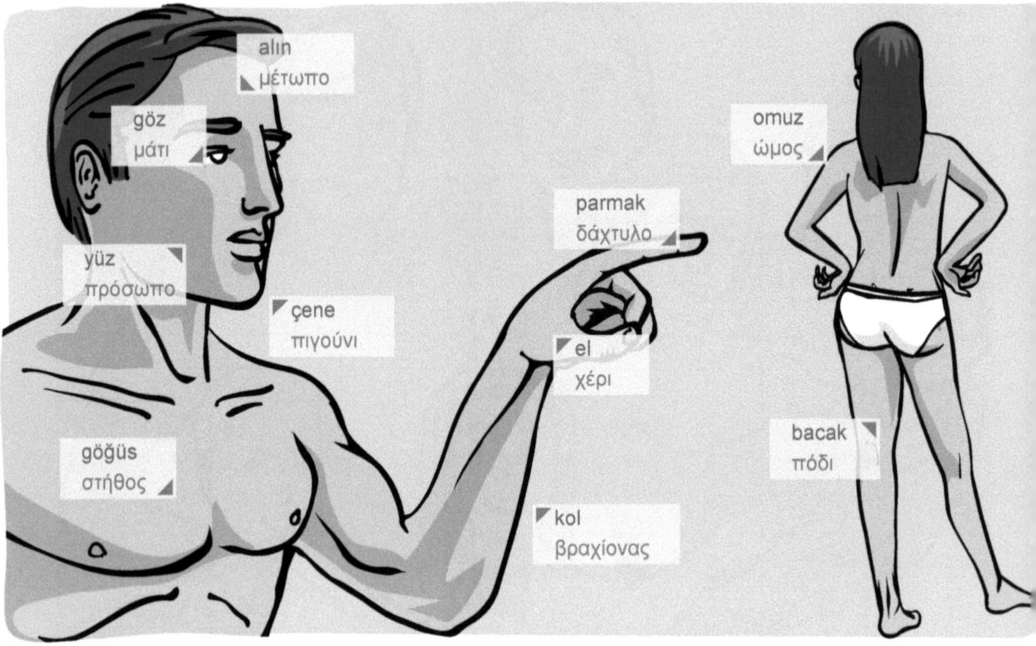

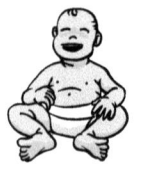

bebek
....
μωρό

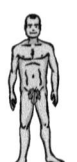

adam
....
άνδρας

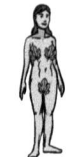

kadın
....
γυναίκα

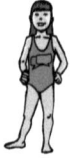

kız
....
κορίτσι

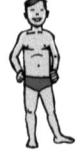

erkek çocuk
....
αγόρι

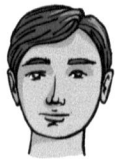

baş
....
κεφάλι

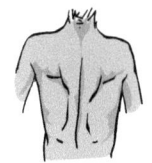

sırt

πλάτη

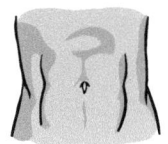

karın

κοιλιά

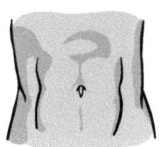

göbek

αφαλός

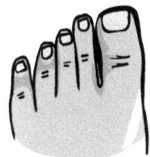

ayak parmağı

δάχτυλο ποδιού

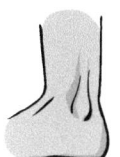

topuk

φτέρνα

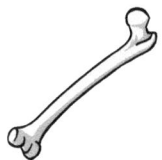

kemik

κόκκαλο

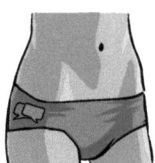

kalça

γοφός

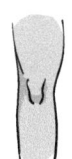

diz

γόνατο

dirsek

αγκώνας

burun

μύτη

kalça

γλουτός

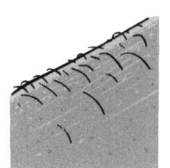

deri

δέρμα

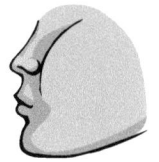

yanak

μάγουλο

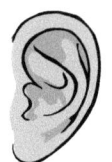

kulak

αυτί

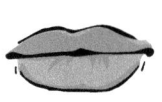

dudak

χείλος

ağız

στόμα

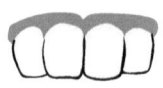

diş

δόντι

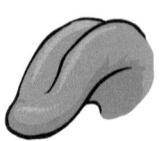

dil

γλώσσα

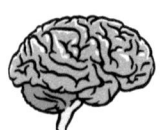

beyin

εγκέφαλος

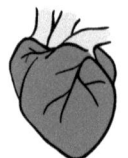

kalp

καρδιά

kas

μυς

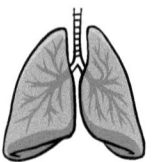

akciğer

πνεύμονας

karaciğer

συκώτι

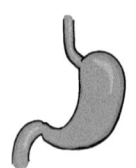

mide

στομάχι

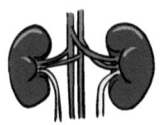

böbrekler

νεφρά

seks

σεξουαλική επαφή

prezervatif

προφυλακτικό

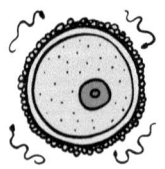

yumurtalık

ωάριο

sperm

σπέρμα

hamilelik

εγκυμοσύνη

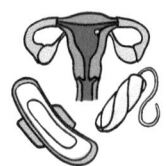

regl

περίοδος

vajina

γυναικείος κόλπος

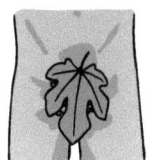

penis

πέος

kaş

φρύδι

saç

μαλλιά

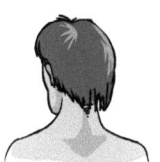

boyun

λαιμός

hastane
νοσοκομείο

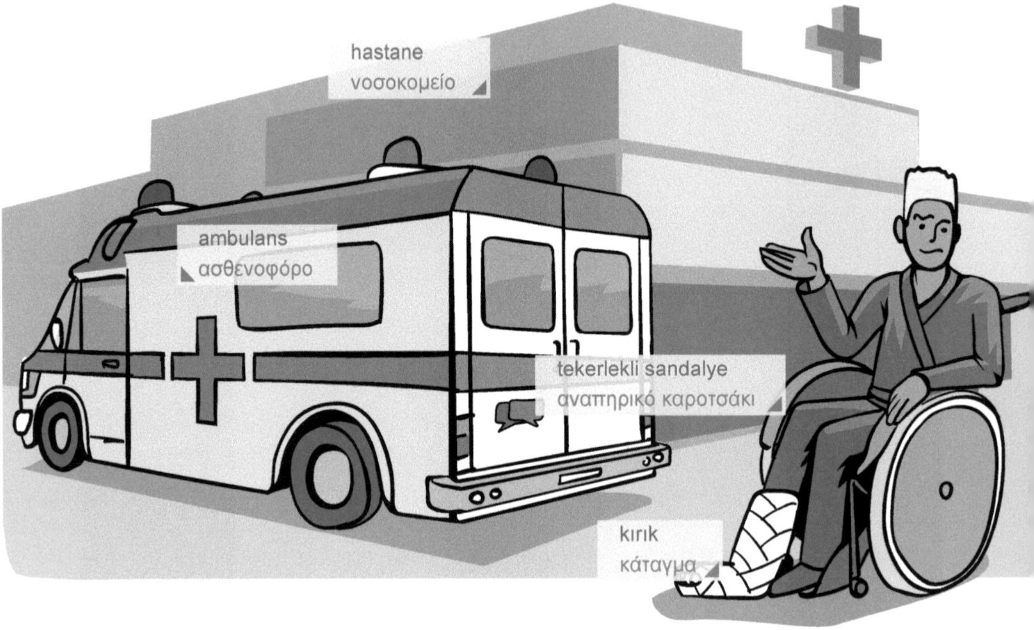

hastane
νοσοκομείο
ambulans
ασθενοφόρο
tekerlekli sandalye
αναπηρικό καροτσάκι
kırık
κάταγμα

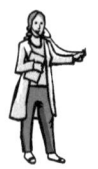

doktor

γιατρός

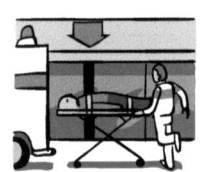

acil servis

μονάδα εντατικής θεραπείας

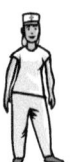

hemşire

νοσοκόμα

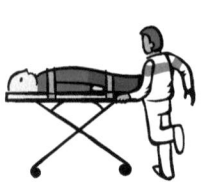

acil

έκτακτη ανάγκη

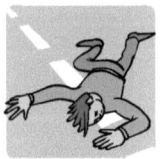

baygın

λιπόθυμος

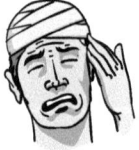

acı

πόνος

yaralanma

τραύμα

kanama

αιμορραγία

kalp krizi

έμφραγμα

felç

εγκεφαλικό

alerji

αλλεργία

öksürük

βήχας

ateş

πυρετός

grip

γρίπη

ishal

διάρροια

baş ağrısı

πονοκέφαλος

kanser

καρκίνος

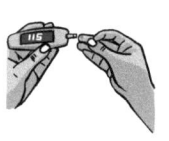

şeker hastalığı

διαβήτης

cerrah

χειρουργός

neşter

νυστέρι

operasyon

εγχείρηση

bilgisayarlı tomografi

αξονική τομογραφία

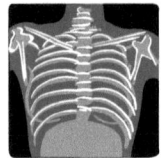

röntgen

ακτινογραφία

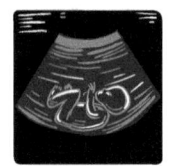

ultrason

υπέρηχος

yüz maskesi

μάσκα

hastalık

ασθένεια

bekleme odası

αίθουσα αναμονής

koltuk değneği

πατερίτσα

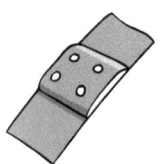

yara bandı

χάνσαπλαστ

bandaj

επίδεσμος

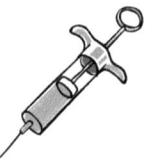

enjeksiyon

ένεση

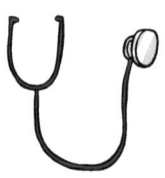

steteskop

στηθοσκόπιο

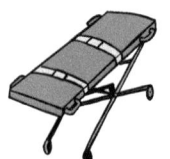

sedye

φορείο

tıbbi termometre

θερμόμετρο

doğum

γέννηση

fazla kilo

υπέρβαρο

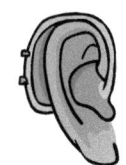

işitme cihazı

ακουστικό βαρηκοΐας

dezenfektan

αντισηπτικό

enfeksiyon

λοίμωξη

virüs

ιός

HIV / AIDS

HIV/AIDS

ilaç

φάρμακο

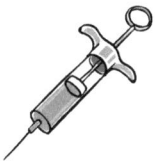

aşı

εμβολιασμός

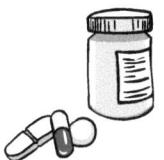

tablet

δισκία

hap

χάπι

acil çağrı

κλήση έκτακτης ανάγκης

tansiyon aleti

πιεσόμετρο αίματος

hasta / sağlıklı

άρρωστος / υγιής

İmdat!
Βοήθεια!

alarm
συναγερμός

darp
βιαιοπραγία

saldırı
επίθεση

tehlike
κίνδυνος

acil çıkış
έξοδος κινδύνου

Yangın!
Φωτιά!

yangın tüpü
πυροσβεστήρας

kaza
ατύχημα

ilk yardım çantası
κουτί πρώτων βοηθειών

imdat
SOS

polis
αστυνομία

Avrupa

Ευρώπη

Kuzey Amerika

Βόρεια Αμερική

Güney amerika

Νότια Αμερική

Afrika

Αφρική

Asya

Ασία

Avustralya

Αυστραλία

Atlantik

Ατλαντικός Ωκεανός

Pasifik

Ειρηνικός Ωκεανός

Hint Okyanusu

Ινδικός Ωκεανός

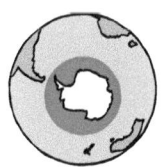

Antarktika Okyanusu

Ανταρκτικός Ωκεανός

Arktik Okyanusu

Αρκτικός Ωκεανός

Kuzey Kutbu

Βόρειος Πόλος

Güney Kutbu

Νότιος Πόλος

Antarktika

Ανταρκτική

dünya

Γη

kara

γη

deniz

θάλασσα

ada

νησί

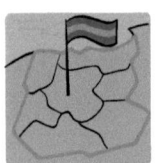

ulus

έθνος

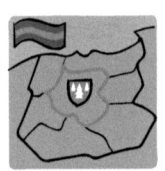

ülke

πολιτεία

kadran

καντράν ρολογιού

akrep

ωροδείκτης

yelkovan

λεπτοδείκτης

saniye ibresi

δείκτης δευτερολέπτων

Saat kaç?

Τι ώρα είναι;

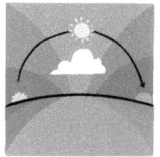

gün

ημέρα

zaman

χρόνος

şimdi

τώρα

dijital saat

ψηφιακό ρολόι

dakika

λεπτό

saat

ώρα

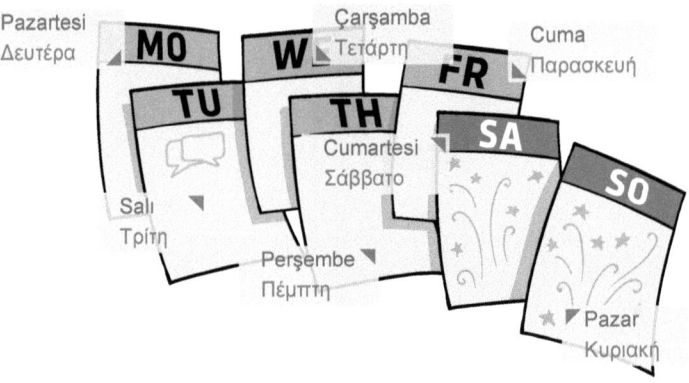

Pazartesi / Δευτέρα
Çarşamba / Τετάρτη
Cuma / Παρασκευή
Salı / Τρίτη
Cumartesi / Σάββατο
Perşembe / Πέμπτη
Pazar / Κυριακή

dün
χθες

bugün
σήμερα

yarın
αύριο

sabah
πρωί

öğle
μεσημέρι

akşam
βράδυ

iş günleri
εργάσιμες ημέρες

hafta sonu
Σαββατοκύριακο

yıl
έτος

yağmur
βροχή
gökkuşağı
ουράνιο τόξο
kara
χιόνι
rüzgar
άνεμος
bahar
άνοιξη
sonbahar
φθινόπωρο
yaz
καλοκαίρι
kış
χειμώνας

4.APRIL 11°
5.APRIL 4°
6.APRIL 13°
7.APRIL 0°
8.APRIL 10°

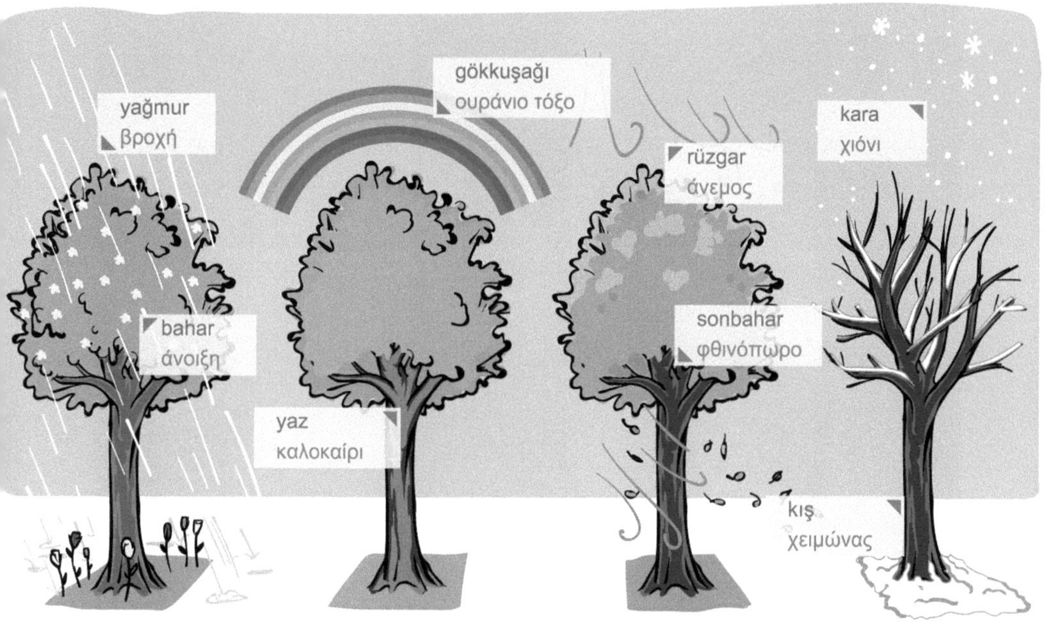

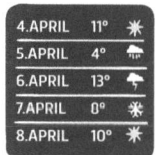

hava durumu tahmini

πρόγνωση καιρού

F C
120 90 60 30 0 -30
40 30 20 10 0 -10 -20

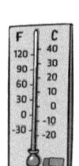

termometre

θερμόμετρο

güneş ışığı

λιακάδα

bulut

σύννεφο

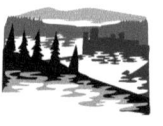

sis

ομίχλη

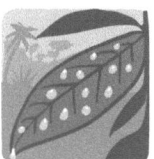

nem

υγρασία

şimşek
αστραπή

gök gürültüsü
κεραυνός

fırtına
καταιγίδα

dolu
χαλάζι

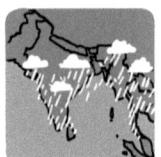

muson
μουσώνας

sel
πλημμύρα

buz
πάγος

Ocak
Ιανουάριος

Şubat
Φεβρουάριος

Mart
Μάρτιος

Nisan
Απρίλιος

Mayıs
Μάιος

Haziran
Ιούνιος

Temmuz
Ιούλιος

Ağustos
Αύγουστος

yıl - έτος

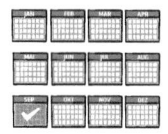

Eylül

Σεπτέμβριος

Ekim

Οκτώβριος

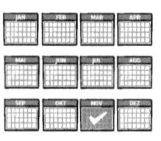

Kasım

Νοέμβριος

Aralık

Δεκέμβριος

şekiller
σχήματα

daire

κύκλος

kare

τετράγωνο

dikdörtgen

ορθογώνιο
παραλληλόγραμμο

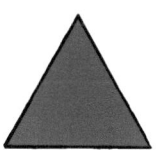

üçgen

τρίγωνο

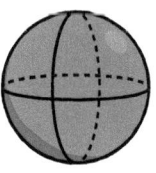

küre

σφαίρα

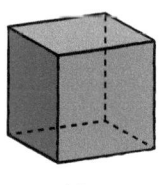

küp

κύβος

beyaz

άσπρο

sarı

κίτρινο

turuncu

πορτοκαλί

pembe

ροζ

kırmızı

κόκκινο

mor

μωβ

mavi

μπλε

yeşil

πράσινο

kahverengi

καφέ

gri

γκρι

siyah

μαύρο

çok / az
πολύ / λίγο

kızgın / sakin
θυμωμένος / ήρεμος

güzel / çirkin
όμορφος / άσχημος

başlangıç / son
αρχή / τέλος

büyük / küçük
μεγάλος / μικρός

parlak / karanlık
φωτεινός / σκοτεινός

erkek kardeş / kız kardeş
αδελφός / αδελφή

temiz / kirli
καθαρός / λερωμένος

tamam / eksik
πλήρης / ατελής

gün / gece
ημέρα / νύχτα

ölü / canlı
νεκρός / ζωντανός

geniş / dar
φαρδύς / στενός

yenilebilir / yenilemez

βρώσιμος / μη βρώσιμος

kötü / iyi

κακός / ευγενικός

heyecanlı / sıkılmış

ενθουσιασμένος / βαριεστημένος

şişman / zayıf

παχύς / λεπτός

ilk / son

πρώτος / τελευταίος

dost / düşman

φίλος / εχθρός

dolu / boş

γεμάτος / άδειος

sert / yumuşak

σκληρός / μαλακός

ağır / hafif

βαρύς / ελαφρύς

açlık / susuzluk

πείνα / δίψα

hasta / sağlıklı

άρρωστος / υγιής

yasa dışı / yasal

παράνομος / νόμιμος

zeki / aptal

έξυπνος / χαζός

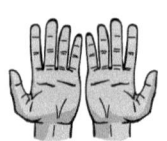

sol / sağ

αριστερός / δεξιός

yakın / uzak

κοντινός / μακρινός

yeni / kullanılmış

καινούριος / μεταχειρισμένος

hiçbir şey / bir şey

τίποτα / κάτι

yaşlı / genç

γέρος | νέος

açma / kapama

αναμμένος / σβηστός

açık / kapalı

ανοιχτός / κλειστός

sessiz / gürültülü

χαμηλόφωνος / μεγαλόφωνος

zengin / fakir

πλούσιος / φτωχός

doğru / yanlış

σωστός / λανθασμένος

pürüzlü / düz

τραχύς / λείος

üzgün / mutlu

λυπημένος / χαρούμενος

kısa / uzun

κοντός / μακρύς

yavaş / hızlı

αργός / γρήγορος

ıslak / kuru

υγρός / στεγνός

sıcak / serin

ζεστός / δροσερός

savaş / barış

πόλεμος / ειρήνη

0

sıfır

μηδέν

1

bir

ένα

2

iki

δύο

3

üç

τρία

4

dört

τέσσερα

5

beş

πέντε

6

altı

έξι

7

yedi

εφτά

8

sekiz

οκτώ

9

dokuz

εννιά

10

on

δέκα

11

on bir

έντεκα

12

on iki

δώδεκα

13

on üç

δεκατρία

14

on dört

δεκατέσσερα

15

on beş

δεκαπέντε

16

on altı

δεκαέξι

17

on yedi

δεκαεφτά

18

on sekiz

δεκαοκτώ

19

on dokuz

δεκαεννέα

20

yirmi

είκοσι

100

yüz

εκατό

1.000

bin

χίλια

1.000.000

milyon

εκατομμύριο

İngilizce

Αγγλικά

Amerikan İngilizcesi

Αμερικάνικα Αγγλικά

Çince (Mandarin)

Μανδαρίνικα Κινέζικα

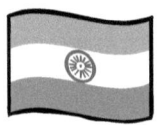

Hintçe

Χίντι

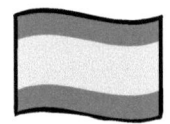

İspanyolca

Ισπανικά

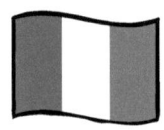

Fransızca

Γαλλικά

Arapça

Αραβικά

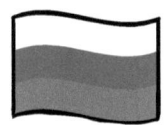

Rusça

Ρώσικα

Portekizce

Πορτογαλικά

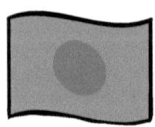

Bengalce

Μπενγκάλι

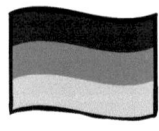

Almanca

Γερμανικά

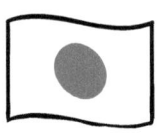

Japonca

Ιαπωνικά

ben

εγώ

sen

εσύ

o

αυτός / αυτή / αυτό

biz

εμείς

siz

εσείς

onlar

αυτοί / αυτές / αυτά

kim?

ποιος / ποια / ποιο;

ne?

τι;

nasıl?

πώς;

nerede?

πού;

ne zaman?

πότε;

isim

όνομα

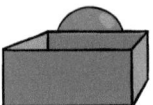

arkasında

πίσω

içinde

μέσα

önünde

μπροστά

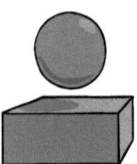

üzerinde

πάνω από

üstünde

πάνω

altında

κάτω

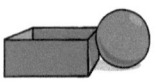

yanında

δίπλα

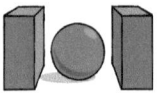

arasında

ανάμεσα

yer

μέρος